Rolf Steininger

Der Sechstagekrieg

5.–10. Juni 1967

Inhaltsverzeichnis

Der Überraschungsangriff

Der Krieg begann am 5. Juni 1967, einem Montag, mit einem Überraschungsangriff Israels gegen Ägypten. Um 7:13 Uhr starteten 200 israelische Jets in Richtung Ägypten. Um dem feindlichen Radar zu entgehen, flogen sie in niedriger Höhe einen Umweg über das Mittelmeer. Genau um 7:45 Uhr (6:45 ägyptischer Zeit) begann der Angriff. Die Israelis kannten die Gewohnheiten „ihrer" Ägypter. Der Zeitpunkt war in der Erwartung gewählt worden, dass sich die ägyptischen Piloten und Kommandeure in ihren Autos befanden – zurück vom häuslichen Frühstück. Die Rechnung ging auf, die Überraschung war perfekt. Innerhalb von 70 Minuten wurden 197 ägyptische Flugzeuge vernichtet, davon 189 am Boden, und 16 Radarstation. Sechs Flugplätze würden für lange Zeit nicht mehr benutzbar sein.

Um 9:34 Uhr folgte die zweite Angriffswelle. Weitere 107 Flugzeuge und 14 Luftstützpunkte wurden zerstört. Um 11:00 Uhr meinte der Kommandeur der israelischen Luftwaffe, General Mordechai („Motti") Hod, zu Generalstabschef Yitzak Rabin: „Es gibt keine ägyptische Luftwaffe mehr." Um 12:45 Uhr begann die dritte Angriffswelle gegen Flugzeuge Syriens und Jordaniens; sämtliche 38 jordanischen Jets wurden abgeschossen, anschließend 53 MIGs der Syrer, die damit die Hälfte ihrer Luftwaffe verloren. Bereits um 10:00 Uhr hatte General Ezer Weizmann festgestellt: „Wir haben den Krieg gewonnen."

Seit 8:15 Uhr jenes 5. Juni stießen israelische Panzerverbände in Richtung Suezkanal vor, der am 8. Juni erreicht wurde; am nächsten Tag war der ganze Sinai in israelischer Hand. In einer massiven Operation wurde die Westbank erobert, nach schweren Kämpfen auch Ost-Jerusalem. Am 7. Juni erreichten israelische Truppen die Klagemauer. Am 9. Juni zog Israel seine

Streitkräfte im Norden zusammen und eroberte den Golan. Die syrischen Absperrungen wurden durchbrochen. Am 10. Juni gegen Mittag fiel Kuneitra, der Hauptstützpunkt der Syrer auf dem Golan. Wenig später, um 18:30 Uhr, stoppten die Israelis ihren Vormarsch und stellten nach sechs Tagen das Feuer ein.

Es waren sechs Tage, die das Leben der Menschen in den betroffenen Staaten und die politische Landkarte des Nahen Ostens vollkommen veränderten. Israel hatte das Dreifache seines ursprünglichen Territoriums erobert und war Besatzungsmacht geworden. Auf arabischer Seite waren etwa 15.000 Soldaten gefallen; auf israelischer 800. Mehr als 400 feindliche Flugzeuge waren vernichtet worden, bei nur 36 eigenen Verlusten. Mehr als 1000 ägyptische Panzer waren zerstört worden bzw. waren unversehrt in israelische Hände gefallen. 500.000 Palästinenser waren auf das Ostufer des Jordan geflüchtet.

Über Israels überwältigenden Sieg gibt es zahlreiche Erinnerungen und etliche Darstellungen, vor allem von ehemals beteiligten Politikern und Militärs. Wegen fehlender Quellen auf fast allen Seiten konnten wichtige Fragen jedoch nicht wirklich beantwortet werden, etwa: Welche Rolle spielte die Sowjetunion, welche die USA? Welche die arabischen Staaten? Während deren Archive nach wie vor verschlossen sind, hat sich das mit Blick auf die USA und teilweise auch auf die Sowjetunion inzwischen geändert.

Im Jahre 2004 legte das Department of State in Washington den lang erwarteten Dokumentenband über den Sechstagekrieg vor, mit immerhin 542 Dokumenten. Über die sowjetische Position gibt eine geheime Rede Aufschluss, die der damalige Generalsekretär der KPdSU, Leonid Breschnew, am 20. Juni 1967 vor dem Zentralkomitee seiner Partei in Moskau hielt. Die deutsche Übersetzung – 65 Seiten – wurde im Parteiarchiv der SED aufbewahrt. Hochinteressant sind darüber hinaus die vertraulichen Berichte der österreichischen Botschafter in Israel und Ägypten, die über Stimmungslage und Entscheidungsprozesse in diesen Ländern informieren. Die neu zugänglichen Dokumente zeigen, dass damals sehr vieles dramatischer war, als wir bislang wussten.

Die Vorgeschichte

Der Sechstagekrieg war im Grunde lediglich eine Fortsetzung der beiden vorangegangenen Kriege, des Unabhängigkeitskrieges 1948/49 und des Suezkrieges 1956. Am 14. Mai 1948 hatte der Führer der Zionisten, Ben Gurion, die Unabhängigkeit des neuen Staates Israel verkündet. Am 15. Mai griffen die Armeen der Nachbarstaaten den neuen Staat an. Um 6:00 Uhr fielen die ersten Bomben auf Tel Aviv. Der Generalsekretär der

Israel Government Press Office, Jerusalem, Zoltan Klüger

14. Mai 1948: Im Stadtmuseum von Tel Aviv verkündet Ben Gurion die Unabhängigkeit Israels, die bei Beendigung des britischen Palästinamandats um Mitternacht in Kraft tritt. Gleichzeitig greifen die Armeen der benachbarten arabischen Staaten den neuen Staat an. Um 6:00 Uhr fallen die ersten Bomben auf Tel Aviv.

Israel Government Press Office, Jerusalem, Micha Perry

Israel siegt im Unabhängigkeitskrieg 1948/49 gegen die Araber. Eilat ist nun in israelischer Hand.

Arabischen Liga erklärte: „Dies wird ein Ausrottungskrieg und ein Massaker sein, von dem man wie von dem mongolischen Massaker und den Kreuzzügen sprechen wird." Er sollte sich irren. Israel fügte den Arabern eine empfindliche Niederlage zu; gleichzeitig waren 750.000 Palästinenser geflohen bzw. vertrieben worden. Die Araber waren jetzt erst recht entschlossen, Israel zu vernichten. Es war genau das eingetreten, was der irakische Botschafter in der Türkei seinem österreichischen Kollegen schon im August 1948 gesagt hatte: „Die Errichtung eines jüdischen Staates wird von den Arabern nie anerkannt werden – es wird eben einen latenten Kriegszustand in diesen Gegenden geben, vergleichbar mit den Zeiten der Kreuzzüge." Israels hatte eine Grenze, die „Blut schwitzt", wie Karl Hartl, der diplomatische Vertreter Österreichs in Tel Aviv, es 1954 einmal formulierte. Bis 1955 wurden bei arabischen

Israel Government Press Office, Jerusalem, Hans Pinn

Im November 1956 gibt es den nächsten Krieg. Israel siegt erneut. Am 5. November 1956 verkündet Generalstabschef Moshe Dajan das Ende der Kämpfe im Sinai. Links von ihm Brigadegeneral Assaf Simhoni, rechts von ihm Hauptmann Avraham Yaffe.

Terrorangriffen etwa 1000 Israeli getötet. Ägyptens Staatspräsident Gamal Abd-el Nasser proklamierte öffentlich die Vernichtung Israels. 1956 folgte der nächste Krieg – im Bündnis mit Großbritannien und Frankreich, die wie Israel das gleiche Ziel hatten, nämlich die Beseitigung Nassers. Nasser hatte die mehrheitlich im britischen Besitz befindliche Suezkanalgesellschaft entschädigungslos enteignet und die Aufständischen in Algerien im Kampf gegen Frankreich unterstützt. Deren Hauptquartier befand sich in Kairo. Bereits vorher hatte Nasser die Straße von Tiran am Ausgang des Roten Meeres für israelische Schiffe gesperrt. Der Suezkrieg führte dann allerdings nicht zum Sturz, sondern zu einem politischen Sieg Nassers, dessen Prestige in der arabischen Welt in den folgenden Jahren noch stieg.

Israel kontrollierte allerdings am Ende dieses Krieges den gesamten Sinai, den Gazastreifen und mit der Straße von Tiran die Zufahrt in den Golf von Akaba und war nicht bereit, seine Truppen zurückzuziehen. Dies geschah erst nach massivem amerikanischem Druck. Israels Regierungschef David Ben Gurion wollte für den Rückzug vom Sinai die Garantie für eine freie Durchfahrt in der Straße von Tiran. Vier Monate dauerte es, bis auf Vermittlung von Kanadas Außenminister Pearson im März 1957 eine Lösung gefunden wurde. Auf seine Initiative hin wurde eine multinationale United Nations Emergency Force (UNEF) gebildet. Nasser lehnte zunächst den Vorschlag ab, diese Truppe auch an der ägyptisch-israelischen Grenze – auf ägyptischer Seite – einzusetzen. Er stimmte erst zu, als ihm das Recht zugebilligt wurde, den Abzug der Truppen zu fordern (was er im Mai 1967 tat). Zum anderen sicherte US-Außenminister John Foster Dulles seiner israelischen Kollegin Golda Meir zu, dass die USA jeden Versuch Ägyptens, die Straße von Tiran erneut zu blockieren, als *casus belli* – als Kriegshandlung – interpretieren würden. In den folgenden Jahren sorgte die UNO-Truppe für eine gewisse Ruhe an der israelisch-ägyptischen Grenze.

Anders dagegen war es an der Grenze zu Jordanien und vor allem zu Syrien. Die Spannungen dort wurden maßgeblich durch den Streit um das Wasser des Jordan ausgelöst. Ende der Fünfzigerjahre hatte Israel mit Arbeiten an einem Rohrleitungssystem begonnen, um Wasser aus dem See Genezareth in die Negevwüste zu bringen. Die Arabische Liga hatte daraufhin mit der Ableitung der Quellflüsse gedroht. Als 1964 die Fertigstellung des Genezareth-Negev-Projektes näher rückte, beschloss die Arabische Liga am 17. Januar 1964, die geplanten Ableitungsarbeiten in Angriff zu nehmen. Entsprechende syrische Einrichtungen wurden ein Jahr später von den Israelis mit Artillerie und Panzern zerstört – und zwar drei Kilometer auf syrischem Territorium.

Die Spannungen nahmen anschließend kontinuierlich zu. Am 14. Juli 1966 bombardierten israelische Flugzeuge die 7 km innerhalb syrischen Territoriums liegenden Arbeitsstätten der Jordanwasser-Ableitung. Am 15. August 1966 verfolgten israelische Mirage in israelischen Luftraum eingedrungene syrische MIG bis 36 Kilometer nach Syrien und schossen eine MIG ab. Am 13. November 1966 startete die israelische Armee eine massive Aktion gegen drei Dörfer in einer Gegend südlich von Hebron, von der Sabotageakte gegen Israel gestartet worden waren. Es gab zahlreiche Tote bei den Jordaniern, die bitter vermerkten, dass kein einziges Flugzeug des Vereinten Arabischen Kommandos – Ägypten und Syrien – ihnen zur Hilfe gekommen war. Die militärische Solidarität, „die sich nur im Absenden von Telegrammen äußere“, kritisierten sie scharf.

Die syrisch-israelische Grenze galt allerdings allgemein als die „heißeste“, wie der österreichische Botschafter nach Wien meldete: „Schießereien sind an der Tagesordnung.“ Zu einer schweren Auseinandersetzung kam es am 7. April 1967, als bei einem der üblichen Zwischenfälle syrische MIGs im israelischen Luftraum auftauchten. Die Israelis nahmen den Kampf an und schossen zwei MIGs ab. Als die übrigen MIGs zurück nach Damaskus flogen, verfolgten die Israelis sie; über Damaskus kam es dann zu einem Luftkampf, in dem die Israelis weitere vier MIGs innerhalb von 32 Sekunden abschossen. Der Rundfunk betonte die syrische Entschlossenheit zur Liquidierung des „zionistischen Gangsterstaates“. Den Israelis ging es um Vergeltung für den syrischen Terror.

Die syrische Niederlage wurde von der israelischen Propaganda ausgenutzt. Von daher war klar, wie der österreichische Botschafter Walther Peinsipp berichtete, dass die Syrer „nicht klein beigeben werden und es auch gar nicht können, da das Regime zu schwach und der Druck der Palästinenser zu stark ist“. Andererseits war aber auch klar, dass die arabische Seite wusste, dass sich die Israelis mit weiteren Sabotageakten „nicht abfinden werden und es nicht können, und solche mit einer Steigerung ihrer Aktionen vom 7. April beantworten werden“. Kritisch merkte Peinsipp an, dass die Israelis nach dem Luftsieg über die Syrer „Psychologie, Maß und Mäßigung vermissen ließen und den Mund zu voll nahmen“. Und dann zählte er einige Dinge auf:

— die Militärparade in Jerusalem anlässlich des Unabhängigkeitstages Israels, von deren Abhaltung alle Großmächte abgeraten hatten,
— die Ankündigung des israelischen Ministerpräsidenten Levi Eshkol und Generalstabschef Rabin, dass Israel mit Truppen und neuen Waffen die Aktion vom 7. April verstärkt wiederholen werde,
— Ministerreden an die Adresse des jordanischen Königs Hussein, er habe noch Zeit, sich mit Israel zu arrangieren, widrigenfalls er die Altstadt von Jerusalem verlieren könnte.

Dies hatte, so der Botschafter, „überflüssigerweise zusätzliches Öl ins arabische Feuer gegossen“.

Moskaus Warnung

An dieser Stelle kommt zum ersten Mal die Sowjetunion ins Spiel. Es geht um die berühmt-berüchtigte Warnung des Kreml vom 13. Mai 1967 an die Regierungen in Damaskus und Kairo. In der erwähnten Rede Breschnews verwies der Kremlchef darauf, dass Moskau Mitte Mai Mitteilungen erhalten habe, wonach sich Israel darauf vorbereite, gegen Syrien und andere arabische Staaten „einen bewaffneten Schlag zu führen“. Demnach beschloss das Politbüro, „diese Information den Regierungen der VAR [Vereinigte Arabische Republik = Ägypten] und Syrien zur Kenntnis zu bringen“. In Kairo wurde ein detaillierter Bericht des sowjetischen Geheimdienstes übergeben, wonach Israel Truppen an der syrischen Grenze zusammenziehe und für den 17. Mai einen Angriff plane. Am selben Tag wurde auch der Präsident der ägyptischen Nationalversammlung, Anwar al-Sadat, in Moskau entsprechend informiert.

Die sowjetische Warnung setzte eine Entwicklung in Gang, an deren Ende der Krieg und die totale Niederlage der arabischen Staaten standen. Von daher ist ihre Bedeutung unbestritten. Daran sind eine ganze Reihe von Spekulationen geknüpft worden. Zumal die Sowjets später sogar in Abrede stellten, dass eine entsprechende Warnung an die Ägypter gegangen sei (was nachweislich falsch ist).

Hatte der Kreml einen „Masterplan“ für den Nahen Osten? Einige Historiker in Israel vertreten nach wie vor diese Position. Demnach ging es den Sowjets darum, die israelische Atomanlage Dimona zu zerstören; geplant war demnach eine groß angelegte Operation: Landung an der Küste Israels, Einsatz strategischer Bomber. Nach einem Bericht der österreichischen Botschaft waren sowjetische Militärberater in Syrien im Einsatz. Wollten die Sowjets Nasser dazu bringen, seinen

Beistandspakt mit Syrien zu aktivieren? Wollten sie ihren Einfluss im Nahen Osten auf Kosten der USA ausweiten, womöglich durch einen Krieg dort, mit dem Ziel, Israel zu zerstören? Oder hat Moskau einfach die Kontrolle verloren. Oder wollte Moskau gar die „fortschrittlichen" Länder Ägypten und Syrien in eine Niederlage treiben, um sie später umso enger an sich binden zu können? Mit Blick auf die Sowjets darf jedenfalls nach wie vor spekuliert werden.

Gab es womöglich gar eine Verschwörung des Westens unter Führung der USA, wie Breschnew dem Politbüro erläuterte? Breschnew wies in seiner Rede darauf hin, dass die wahre Ursache des Konflikts nicht das Problem zwischen Arabern und Juden sei, sondern: „Das war ein Versuch des Imperialismus, allen voran der USA-Imperialisten, die fortschrittlichen arabischen Länder, die den Weg progressiver sozial-ökonomischer Umgestaltung eingeschlagen haben, zu vernichten." Die einzige Quelle, die bislang Aufschluss über die sowjetischen Absichten gibt, ist die erwähnte Rede Breschnews. Er erwähnt hier auch ein Schreiben der sowjetischen Regierung an Nasser vom 26. Mai, in dem von der Notwendigkeit gesprochen worden war, „alles nur Mögliche zu tun, um einem militärischen Konflikt vorzubeugen" und nach einem Kompromiss zu suchen. Nach Erhalt dieser Botschaft habe Nasser dem sowjetischen Botschafter unverzüglich erklärt, dass er die von der sowjetischen Regierung dargelegten Erwägungen voll und ganz teile, und habe gesagt: „Ich bitte Sie, der Sowjetregierung zu versichern, dass die VAR niemals als erste einen militärischen Konflikt beginnen werde."

Möglicherweise wusste die CIA mehr. Am 9. Juni hieß es in einem entsprechenden Memorandum: „Wir glauben nicht, dass die Sowjets die Nahostkrise geplant oder ausgelöst haben. Der Krieg zwischen Israelis und Arabern und insbesondere die Niederlage Ägyptens in jenem Krieg waren Entwicklungen, die die Sowjetunion nicht gewünscht hat, anfangs nicht vorhergesehen und später nicht verhindern konnte."

Klar war demnach allerdings auch, „dass die Sowjets seit Mitte Mai aktiv an dieser Krise beteiligt waren", allerdings auf keinen Fall direkt in den Krieg hineingezogen werden und vor allen Dingen es nicht zu einer direkten Konfrontation mit den USA kommen lassen wollten.

Wie dem auch sei: Was von den Sowjets angestoßen worden war, erhielt in den folgenden Tagen durch Entscheidungen Nassers eine Dynamik, die direkt in den Krieg führte. Am 13. Mai kam die sowjetische Warnung, am 14. Mai versetzte Nasser seine Streitkräfte in Alarmbereitschaft, am 16. Mai stand die Armee seit sechs Uhr früh in höchster Bereitschaft. Gleichzeitig wurden in Ägypten Truppenbewegungen Richtung Suezkanal beobachtet. Am selben Tag forderte Nasser UNO-Generalsekretär U Thant auf, die seit 1957 auf der Sinai-Halbinsel und im Gazastreifen stationierten UNO-Truppen (UNEF) abzuziehen.

Gut informierte Kollegen in Kairo berichteten dem österreichischen Botschafter, dass „Nasser die Spannung den Ara-

Israel Government Press Office, Jerusalem, Fritz Cohen

Die Straße von Tiran. Am 22. Mai 1967 verkündet Ägyptens Präsident Nasser die Blockade der Meerenge für Schiffe mit dem Ziel Elat. Für Israel ist das der *casus belli*, der Kriegsfall.

bern, den Großmächten, der UNO und – last not least – Israel gegenüber dramatisieren will, aber keinen ernsten Waffengang wünscht“. U Thant ging problemlos und bereitwillig auf Nassers Forderung ein und gab den Befehl zum Abzug der UN-Truppen. Jetzt ging Nasser einen Schritt weiter und verkündete am 22. Mai die Blockade der Meerenge von Tiran für israelische Schiffe sowie für Schiffe anderer Staaten, die militärische Fracht für Israel an Bord führten. Ägyptische Truppen wurden in den Sinai verlegt. Öffentlich machte Nasser klar, worum es ging: „Die Juden haben mit Krieg gedroht; ich antworte: herzlich willkommen. Gut, wir sind zum Krieg bereit. Das Hauptziel, dass wir in dem bevorstehenden umfassenden Krieg verfolgen, ist die Zerstörung Israels.“ Der ägyptische Präsident hatte sich „besorgniserregend festgelegt“, wie Österreich Botschafter aus Kairo berichtete.

Für Israel war die Blockade der Meerenge der *casus belli*. Und das war seit 1957 bekannt. Entsprechend sahen die Reaktionen aus: demonstrative Kriegsvorbereitungen, Räumung von Zivilkrankenhäusern, Bereitmachung der Luftschutzräume, der unterirdischen Operationsräume etc. Am 28. Mai legte Nasser nach und stellte auf einer Pressekonferenz klar, dass es bei der gegenwärtigen Krise „nicht um Fragen wie den Golf von Akaba und den Rückzug der UNEF, sondern um ein viel größeres Problem, nämlich die Aggression gegen das Volk von Palästina und die dauernden Bedrohungen gegen das arabische Volk“ gehe. Und dann wiederholte er, dass die Gründung des Staates Israel „die erste Aggression gegen die Araber“ gewesen sei.

Was wollte Nasser wirklich? Wollte er die aktuelle Krise dazu nutzen, um eine stärkere Verhandlungsposition für etwaige Forderungen der VAR gegenüber Israel auszubauen? Ging es ihm um einen weiteren Prestigegewinn in der arabischen Welt? Bei Abwägung aller verfügbaren Informationen auch seiner Kollegen in Kairo meinte der österreichische Botschafter: „Es gilt weiterhin, dass man die letzten Ziele Nassers nicht kennt und auch, dass ihm beim Spiel mit Zündhölzern ein Fehlgriff unterlaufen könnte.“

US-Präsident Lyndon B. Johnson: „Israel wird nicht allein sein…“

Für Israel ging es zwar vordergründig um die Frage der freien Durchfahrt im Golf von Akaba, tatsächlich aber um die endgültige Beseitigung der dauernden Bedrohung seiner Existenz. Israel war in die Defensive geraten, würde allerdings einen Sieg Nassers ohne Krieg nicht zulassen. Wichtig war in diesem Zusammenhang die Haltung der USA. In aller Deutlichkeit zeigen die FRUS-Dokumente die schwierige Situation, in der sich die USA befanden. Mit Nachdruck und immer wieder versuchten israelische Politiker den Amerikanern klarzumachen, dass ein Angriff der arabischen Staaten auf Israel unmittelbar bevorstand und man Sicherheitsgarantien erwarte. Gleichzeitig drängten die israelischen Militärs auf einen Präventivschlag. Sie waren davon überzeugt, dass die arabischen Streitkräfte „Seifenblasen“ waren: „Einmal hineinstechen und sie werden zerplatzen“, wie der Befehlshaber der mittleren Front, General Uzi Narkiss, meinte.

Die Amerikaner schätzten die von den Israelis beschworene Gefahr weniger dramatisch ein. Vieles sprach gegen einen ägyptischen Angriff: Wesentliche Teile der ägyptischen Truppen standen im Yemen, die wirtschaftliche Situation, auch die Vorratslage, war schlechter denn je, der Wert der Hilfe anderer arabischer Staaten ungewiss, die Truppe insgesamt nicht gut ausgebildet. Sie hatte zwar von den Sowjets modernstes Kriegsgerät erhalten, konnte aber nicht wirklich damit umgehen. Washington hatte zudem kein Interesse an einer Niederlage Ägyptens, das sich dann womöglich noch enger an die Sowjetunion anlehnen würde.

Am Vorabend des Kriegsausbruchs informierte US-Außenminister Dean Rusk seine Botschafter in den arabischen Staaten über die Lage. Demnach war es den USA nicht möglich, Israel zu befehlen, nicht zu kämpfen, wenn es nach dessen Ansicht um lebenswichtige Dinge ging. Immerhin habe man Israel noch zurückhalten können. Aber „die Psychologie des ‚Heiligen Krieges' in der arabischen Welt ist genauso groß wie die Psychologie der Apokalypse in Israel." Beide Seiten würden einem Krieg relativ gelassen entgegensehen und auf Sieg setzen, aber, so Rusk, „irgendjemand unterliegt hier einer größeren Fehlkalkulation". Wer das war, sollte sich schon bald zeigen.

Amerikaner und Briten wollten zunächst mit einer internationalen Schiffsflotte – Operation „Regatta" – eine Testfahrt durch die Straße von Tiran durchführen, aber mit dem Plan kam man nicht weiter.

Sämtliche US-Analysen gingen davon aus, dass Israel militärisch überlegen war. US-Präsident Lyndon B. Johnson machte dies dem israelischen Außenminister Abba Eban am 26. Mai in Washington sehr deutlich, als er betonte, dass nach amerikanischer Auffassung ein Angriff auf Israel nicht bevorstand, und sollte Ägypten doch angreifen, werde es von Israel „vernichtend geschlagen". Zweimal betonte er dann das, was später in Israel zum geflügelten Wort wurde, aber dort nicht unbedingt mit Enthusiasmus aufgenommen wurde, da es wenig konkret war, nämlich: „Israel wird nicht allein sein, es sei denn, es handelt allein." (*„Israel will not be alone unless it decides to go it alone."*) Kurz zuvor hatten die amerikanischen Militärattachés aus Tel Aviv gemeldet, dass sich ihrer Meinung nach „die Entscheidung in Richtung Präventivschlag bewegt". Das aber durfte nicht geschehen.

Eine entsprechende Botschaft Johnsons wurde Ministerpräsident Levi Eshkol am 29. Mai morgens um sechs Uhr vom amerikanischen Botschafter überreicht. Die sorgte mit dafür, dass das Kabinett zu keiner Entscheidung kam: Neun Minister waren für einen israelischen Angriff, neun dagegen.

Eshkol erläuterte die Lage anschließend im Rundfunk und machte dabei einen so schwachen Eindruck, dass der Ruf nach dem „starken Mann“ immer lauter ertönte. Schließlich wurde am 1. Juni eine „Regierung der nationalen Einheit“ gebildet, in der der Held des Suezkrieges 1956, Moshe Dajan, der „einäugige Kriegsgott“, wie er in Israel seit jenem Krieg genannt wurde, Verteidigungsminister und Menachem Begin, der Führer der rechten Likud-Partei, Minister ohne Geschäftsbereich wurden. Die richtigen Männer würden die Sache in die Hand nehmen, hieß es in der Bevölkerung. In Israel war man in jenen Tagen mehr und mehr davon überzeugt, nicht länger warten zu können, während die Araber „Blut gerochen“ hätten. Israel müsse entweder bald zuschlagen oder, wie es in einer Analyse der CIA am 3. Juni hieß, eine 100%ige Sicherheitszusage bekommen. Dazu aber war Washington nicht bereit.

Israel Government Press Office, Jerusalem, Ilan Brunner

Israels Bevölkerung bereitet sich auf den Krieg vor.

Am 4. Juni beschloss das israelische Kabinett einstimmig, am nächsten Tag loszuschlagen. Ausschlaggebend für diese Entscheidung war letztlich der Bericht des Chefs des israelischen Geheimdienstes Mossad, Meir Amit, der sich vom 31. Mai bis 2. Juni inkognito in Washington aufgehalten und mit ranghohen Vertretern der CIA und des Pentagon gesprochen hatte.

Entscheidend war das Gespräch mit Verteidigungsminister Robert McNamara. Amit hat später auf einer Konferenz im Jahre 1992 berichtet, das Gespräch habe 40 Minuten gedauert und er habe McNamara mitgeteilt, dass er seiner Regierung empfehlen werde loszuschlagen. Soweit stimmen beide Seiten überein. Über die Reaktion McNamaras gehen die Meinungen allerdings auseinander. Laut Bericht Amits vom 4. Juni

Israel Government Press Office, Jerusalem, Fritz Cohen

Am Morgen des 5. Juni 1967: Mit einem überraschenden Präventivschlag zerstören israelische Kampfflugzeuge die ägyptische Luftwaffe. Der dritte Nahostkrieg ist nicht einmal drei Stunden alt, da steht der Sieger bereits fest: Israel.

für das israelische Kabinett habe McNamara gesagt: „Ich habe Sie genau verstanden; dies war sehr hilfreich.“ Während des Gespräches habe Präsident Johnson zweimal angerufen und grundsätzlich zugestimmt. Amit verließ Washington jedenfalls in der Überzeugung, dass sowohl Johnson wie auch McNamara nicht eindeutig Nein zum Losschlagen gesagt hatten, eine Schlussfolgerung, die McNamara später zurückgewiesen hat. Liest man nun das im FRUS-Band wiedergegebene Protokoll, könnte McNamara sogar Recht haben. Am Morgen des 5. Juni, einem Montag, begann jedenfalls der Krieg mit einem Überraschungsangriff Israels gegen Ägypten.

ullstein bild - dpa, 00240830

Israelische Panzer im Gaza-Streifen, 6. Juni 1967.

Israel Government Press Office, Jerusalem, Moshe Milner

8. Juni 1967: Die ersten israelischen Soldaten erreichen den Suezkanal.

Israel Government Press Office, Jerusalem, Fritz Cohen

Sharm El Sheikh ist wieder in israelischer Hand.

Sowjetführer Leonid Breschnew: „Der kritischste Augenblick für die VAR.“

In den folgenden Tagen spitzte sich die Lage im Nahen Osten dramatisch zu. Die israelische Armee stieß in Richtung Suezkanal vor, der am 8. Juni erreicht wurde, am nächsten Tag war der ganze Sinai in israelischer Hand. Erst als es bereits zu spät war, erkannte die ägyptische Führung das ganze Ausmaß der Katastrophe. Noch am 6. Juni war Nasser recht optimistisch gewesen. Morgens um 8:00 Uhr wurde der sowjetische Botschafter zu ihm gerufen, der Folgendes nach Moskau berichtete (und was Breschnew in der erwähnten Rede verlas):

„‚Die Lage an den Fronten ist für die VAR nicht so schlecht, wie es die westliche Propaganda darzustellen versucht.‘ Nasser wiederholte erneut, dass die israelischen Truppen aus dem Gaza-Streifen herausgeschlagen seien. Nach schweren Kämpfen sei es den Israelis gelungen, einen Teil von el-Arisch zu besetzen.

Der Präsident betonte, dass die Amerikaner Pläne ausgearbeitet hätten, wonach die Israelis einen Teil des arabischen Territoriums besetzen sollten, um später, nach der Feuereinstellung, für Israel günstigere Bedingungen des Waffenstillstandes auszuhandeln.

‚Kairo‘, betonte der Präsident, ‚ist entschlossen, so lange zu kämpfen, wie auch nur ein einziger israelischer Soldat auf arabischem Boden steht.‘ Der Präsident bat, nach Moskau mitzuteilen, dass die Araber sich festhalten, dass die VAR und er, Nasser, persönlich alles nur Mögliche tun werden, um die gesamte arabische Welt gegen die Amerikaner zu mobilisieren, wenn diese es auf eine offene Intervention ankommen lassen sollten.“

Israel Government Press Office, Jerusalem, Fritz Cohen

Auch die Insel Tiran in der Meerenge von Tiran ist in israelischer Hand. Hier wird Nachschub ausgeladen.

Israel Government Press Office, Jerusalem, Yaacov Agor

Ein israelisches Kanonenboot sichert die Meerenge von Tiran.

Wir wissen erst seit kurzem, welche Dramatik damals im Kreml – und im Weißen Haus – herrschte. Plötzlich und für die Sowjetunion völlig überraschend wandte sich nämlich der ägyptische Verteidigungsminister Amr noch am selben Tag um 18:00 Uhr mit einer Eilbotschaft von Präsident Nasser an die sowjetische Führung: „Die Lage ist sehr gefährlich und kritisch und sie kann nicht länger als bis heute Nacht so bleiben." Sechs Stunden später erklärte Amr im Auftrag Nassers dem sowjetischen Botschafter erneut, die Lage sei so ernst, dass es „notwendig ist, die Feuereinstellung bis fünf Uhr früh zu erreichen". Der sowjetische Parteichef Leonid Breschnew erklärte später in der erwähnten Geheimrede vor dem Zentralkomitee der KPdSU, dass „das der kritischste Augenblick für die VAR im Verlauf der Kampfhandlungen war". Sein Bericht machte die verheerende Lage deutlich:

„Als wir diese alarmierende, die Dramatik der Situation an der ägyptisch-israelischen Front widerspiegelnde Meldung aus Kairo erhielten, hielten wir, die Mitglieder des Politbüros, um ein Uhr nachts eine Sitzung ab. Wir überlegten mögliche Varianten, wie den eine Niederlage erleidenden Streitkräften der VAR geholfen werden könnte. Es konnte gar keine Rede davon sein, in den verbleibenden wenigen Stunden irgendwie nennenswerte Mengen technischer Kampfmittel, Panzer, Flugzeuge, dorthin zu befördern, um die im Grunde zusammenbrechende ägyptische Front zu stärken, den Vormarsch der israelischen Truppen auf den Suezkanal aufzuhalten und so die Hauptstadt und andere Städte der VAR aus der Luft zu decken. Dabei musste in Rechnung gestellt werden, dass der ägyptischen Militärführung die Leitung der Truppen faktisch aus den Händen geglitten war. Diese befanden sich in einem Zustand des Chaos und der Fassungslosigkeit, viele Flugplätze, auf denen unsere Flugzeuge hätten landen können, waren zerstört. In dieser Situation war es das einzig Richtige,

Israel Government Press Office, Jerusalem, Fritz Cohen

Israelische Fallschirmjäger unter Commander Mordechai („Motta") Gur auf dem Ölberg in Jerusalem unmittelbar vor dem Angriff auf die Altstadt.

Israel Government Press Office, Jerusalem, Fritz Cohen

7. Juni 1967: Nach harten Kämpfen haben israelische Fallschirmjäger den Tempelberg erobert.

Israel Government Press Office, Jerusalem, Fritz Cohen

Ein historischer Moment: israelische Fallschirmjäger hissen die Nationalflagge auf dem Tempelberg.

alle politischen und diplomatischen Mittel einzusetzen, um zu versuchen, die VAR dem Schlag zu entziehen."

Ähnlich katastrophal war auch die Lage der jordanischen Armee, obwohl die Kämpfe in Jordanien und besonders um Ost-Jerusalem die verlustreichsten der israelischen Armee waren, die keine schweren Waffen einsetzte, um die Stadt nicht zu zerstören. Am 6. Juni teilte König Hussein dem sowjetischen Botschafter mit: „Das ist der schwerste Tag in meinem Leben. Nur die unverzügliche Feuereinstellung kann Jordanien retten." In der Nacht zum 7. Juni wiederholte auch Nasser die dringende Bitte, den Vormarsch der israelischen Truppen aufzuhalten und bis fünf Uhr morgens eine Feuereinstellung zu erreichen.

Sowjetische Initiativen im Sicherheitsrat – Feuereinstellung und Rückzug auf die Grenzen – scheiterten zunächst, nicht zuletzt wegen der chaotischen Situation in Kairo, wo die Regie-

Israel Government Press Office, Jerusalem, Ilan Bruner

7. Juni 1967 (v. l.): Der Oberbefehlshaber des Mittelabschnitts, Generalmajor Uzi Narkiss, Verteidigungsminister Moshe Dajan und Generalstabschef Yitzhak Rabin betreten durch das Löwentor die Altstadt von Jerusalem.

National Archives II, College Park, Maryland

So sah der Platz vor der Klagemauer bis Juni 1967 aus.

National Archives II, College Park, Maryland

Unmittelbar nach Eroberung der Altstadt wird der Platz vor der Klagemauer eingeebnet. Die Bewohner dort hatten 30 Minuten Zeit, ihre Wohnungen zu verlassen.

rung eine Entscheidung zur Feuereinstellung hinauszögerte: Nasser wollte die Niederlage nicht eingestehen. Sowjetische Drohungen an Israel, bei einer Fortsetzung der Kampfhandlungen die Beziehungen zu überprüfen und andere erforderliche Maßnahmen zu erwägen, erwiesen sich als wirkungslos. Israel setzte seine Operationen fort.

In Ost-Jerusalem wurde zu dem Zeitpunkt um jede Straße und jedes Haus gekämpft. Am 7. Juni erreichten israelische Truppen die Klagemauer, wo Verteidigungsminister Moshe Dajan erklärte:

„Wir haben das geteilte Jerusalem, die gespaltene Hauptstadt Israels, von neuem vereint; wir sind zu unseren heiligen Stätten zurückgekehrt, um uns nie wieder von ihnen zu trennen." Die „Jerusalem Post" berichtete wenig später, dass der 80jährige Ben Gurion bei seinem ersten Besuch der Klagemauer das Straßenschild „El Buraq"– der Name des weißen Pferdes, auf dem Mohammed angeblich gen Himmel geritten war – „ in heiligem Zorn" abgerissen habe.

Am 8. Juni war auch etwas geschehen, was bis heute zu einem der bestgehüteten Geheimnisse gehört. Damals hielt sich vor der Sinai-Küste in internationalen Gewässern das CIA-Spionageschiff USS *Liberty* auf, das an diesem Tag von israelischer Luftwaffe und Marine angegriffen und schwer beschädigt wurde. 34 Besatzungsmitglieder wurden getötet, 172 zum Teil schwer verletzt. Israel sprach von einem „tragischen Irrtum", die Johnson-Regierung akzeptierte diese Version, die mit ziemlicher Sicherheit so nicht zutrifft. Die Identität des Schiffes war Israel nämlich bekannt; eine US-Flagge war im Übrigen sichtbar angebracht. Von daher gibt es nach wie vor zahlreiche Spekulationen über das Motiv des Angriffs. Die *Liberty* konnte den gesamten Funkverkehr im Nahen Osten überwachen: Ging es um Informationen betreffs den Angriff gegen den Golan? Um die Erschießung ägyptischer Kriegsgefangener? Um manipulierte Funksprüche zwischen Ägypten und Jordanien? Sollte das Schiff versenkt und der Angriff den Ägyptern in die Schuhe geschoben werden, um die USA zum Kriegseintritt gegen Ägypten zu veranlassen? Fragen, die bis heute nicht beantwortet werden können. Die vom Pentagon sofort erlassene absolute Geheimhaltung nährt diese Gerüchte. Auch die Dokumente im erwähnten FRUS-Bandhaben keine Aufklärung gebracht. Die *Liberty*-Überlebenden haben im Übrigen die US-israelische Version zu keinem Zeitpunkt akzeptiert. Wie emotional und geheimnisumwittert der Vorgang Jahrzehnte später noch war, zeigt folgender Vorgang: anlässlich der Veröffentlichung des o.g. FRUS-Dokumentenbandes veranstaltete das State Department im Jahre 2004 eine Konferenz zum Sechstagekrieg. Das Thema *Liberty* fehlte auf dem Programm; zudem war kein Überlebender eingeladen worden. Es waren trotzdem einige anwesend, die an einem Punkt der Tagung das Podium stürmten, um eine Erklärung abzugeben; daraufhin wurde ihnen das Wort entzogen, die TV-Kameras wurden abgeschaltet.

ap/dpa/picture alliance/Süddeutsche Zeitung, 00121396

Amerikanisches Spionageschiff USS *Liberty*, 1967.

Am 9. Juni zog Israel seine Streitkräfte im Norden zusammen und eroberte den Golan. Am Abend des 9. Juni kündigte Nasser seinen Rücktritt an. Dies wollte die Sowjetunion unter keinen Umständen zulassen. Das Politbüro der KPdSU sicherte Nasser sofortige politische und moralische Unterstützung zu:

„Sie genießen größte Autorität in der arabischen Welt. Ihnen glauben die arabischen Völker, vertrauen Ihre Freunde, und nur auf dem Posten des Präsidenten verbleibend können und müssen Sie alles tun, um die Errungenschaften der Revolution zu bewahren und diese zu Ende zu führen. Die arabische Welt und alle fortschrittlichen Kräfte in der Welt werden Ihren Rücktritt von der Führung des Landes in diesem verantwortungsvollen Augenblick nicht verstehen und nicht billigen."

Nasser blieb im Amt. In Moskau atmete man auf. Ein wichtiges Ziel war erreicht. Breschnew sagte später vor dem ZK:

„Unser Handeln in der für die VAR kritischen Situation war darauf gerichtet, den Aggressor aufzuhalten, solange die arabischen Staaten noch einen bedeutenden Teil ihrer Streitkräfte bewahrt hatten, die Eroberung Kairos und Damaskus' durch die israelischen Truppen nicht zuzulassen und vor allem den Sturz des fortschrittlichen Regimes in der VAR zu verhindern, was – davon sind wir überzeugt – eine Kettenreaktion auch in anderen arabischen Staaten zur Folge gehabt hätte."

Im UNO-Sicherheitsrat kam es inzwischen zu einer heftigen Auseinandersetzung. Der sowjetische Vertreter Nikolaj Fjodorenko griff die Vereinigten Staaten direkt an und bezeichnete Israel als deren „verbrecherischen Handlanger"; Israel treibe eine ähnliche Politik wie Hitler. Die Israelis reagierten, indem sie den Sowjets ihre Zusammenarbeit mit Hitler von 1939 bis 1941 vorhielten, ein Vorwurf, der in den Vereinten Nationen in den letzten Jahren nicht mehr gehört worden war.

Moskaus Drohung

Inzwischen setzte die israelische Armee im Norden ihren Siegeszug fort. Die syrischen Absperrungen wurden durchbrochen. Am 10. Juni gegen Mittag fiel Kuneitra, der Weg nach Damaskus war frei. In dieser dramatischen Situation, um 11:30 Uhr, erhielt der Kreml vom Außenminister Syriens eine Mitteilung, in der es hieß, israelische Panzer, unterstützt von starken Luftstreitkräften, stießen auf Damaskus vor. Die Regierung Syriens bat die Sowjetunion geradezu verzweifelt, „beliebige mögliche Schritte zu unternehmen, und zwar in den nächsten zwei – drei Stunden, da es sonst ‚zu spät sein' würde." Breschnew vor dem ZK: „Das war der zweite kritische Punkt in der Nahostkrise."

Moskau brach die diplomatischen Beziehungen mit Israel ab und warnte Israel gleichzeitig, dass die Sowjetunion, falls Israel nicht unverzüglich die Kampfhandlungen einstelle, „gemeinsam mit den anderen friedliebenden Staaten gegenüber Israel Sanktionen mit allen sich daraus ergebenden Folgen durchführen wird".

Gleichzeitig mit dem Ultimatum an Israel übermittelte Premier Alexej Kossygin eine Botschaft an Präsident Johnson, in der er betonte, dass Israel die Beschlüsse des Sicherheitsrats völlig ignoriere. Es habe sich jetzt ein sehr verantwortungsvoller Augenblick ergeben, „der uns, falls die Kriegshandlungen nicht in den allernächsten Stunden eingestellt werden, zu selbstständigen Entscheidungen zwingt. Wir sind dazu bereit." Das war die klare Drohung, dass der Kreml auf Seiten der geschlagenen arabischen Staaten eingreifen werde – auch auf das Risiko eines militärischen Konfliktes mit den USA hin, denn, so hieß es weiter in der Note an Johnson: „Diese Handlungen können einen Zusammenstoß zwischen uns bewirken und zu einer großen Katastrophe führen. Offensichtlich gibt es in der Welt Kräfte, für die das vorteilhaft wäre.

Wir schlagen Ihnen vor, von Israel zu fordern, dass es in den allernächsten Stunden die Kriegshandlungen bedingungslos einstellt. Wir werden unsererseits dasselbe tun. Wir schlagen vor, Israel zu warnen, dass im Falle der Nichterfüllung dieser Forderung die notwendigen Aktionen, einschließlich militärischer Aktionen, eingeleitet werden."

Gleichzeitig wurde dem im Mittelmeer befindlichen Verband sowjetischer Kriegsschiffe der Befehl erteilt, Kurs auf die Küste Syriens zu nehmen. Der Krieg drohte zu eskalieren und außer Kontrolle zu geraten. Wie schon in den Tagen zuvor benutzte der Kreml erneut die Fernschreibverbindung nach Washington, jenen „Heißen Draht", der nach der Kubakrise 1962 eingerichtet worden war. Nachdem die Übersetzung vorlag, überprüfte Botschafter Thompson zunächst den russischen Text, ob dort tatsächlich „einschließlich militärischer Aktionen" stand. Es stand da. McNamara schlug vor, der 6. US-Flotte den Befehl zu geben, Kurs auf das östliche Mittelmeer zu nehmen. Johnson stimmte zu. Im Rückblick meinte CIA-Direktor Helms, er habe noch an keiner Sitzung teilgenommen, in der so leise gesprochen worden sei; es habe eine äußerst angespannte Atmosphäre geherrscht. Aus dieser Sitzung sind folgende Satz überliefert. McNamara zu Johnson: „Mr. President, wenn Sie wollen, können Sie Krieg haben." Johnson: „Nein danke, ich habe schon einen." Das war Vietnam.

Das sowjetische Fernschreiben war um 8:48 Uhr Ortszeit im Weißen Haus eingegangen, um 9:39 Uhr teilte Johnson Kossygin mit, dass Außenminister Rusk eine dringende Eilbotschaft an Israel übermittelt habe, wonach die USA es als sehr wichtig betrachteten, dass Israel durch Taten vor Ort demonstriere, dass die Befehle zur Feuereinstellung in Kraft getreten seien. Israel habe versichert, dass es dazu bereit sei.

Dazu Breschnew am 20. Juni vor dem ZK: „Man kann mit Fug und Recht feststellen, Genossen, dass unsere Warnungen an die Adresse der USA sowie Israels ihre Wirkung nicht verfehlt haben.“

Im verlassenen Kuneitra hatten die Israelis zuvor ihren Vormarsch gestoppt und am 10. Juni, 18:30 Uhr, das Feuer eingestellt.

Rudolf Agstner, Wien

Bei Banias auf dem Golan: ein zerstörter sowjetischer T-34 Panzer der syrischen Armee.

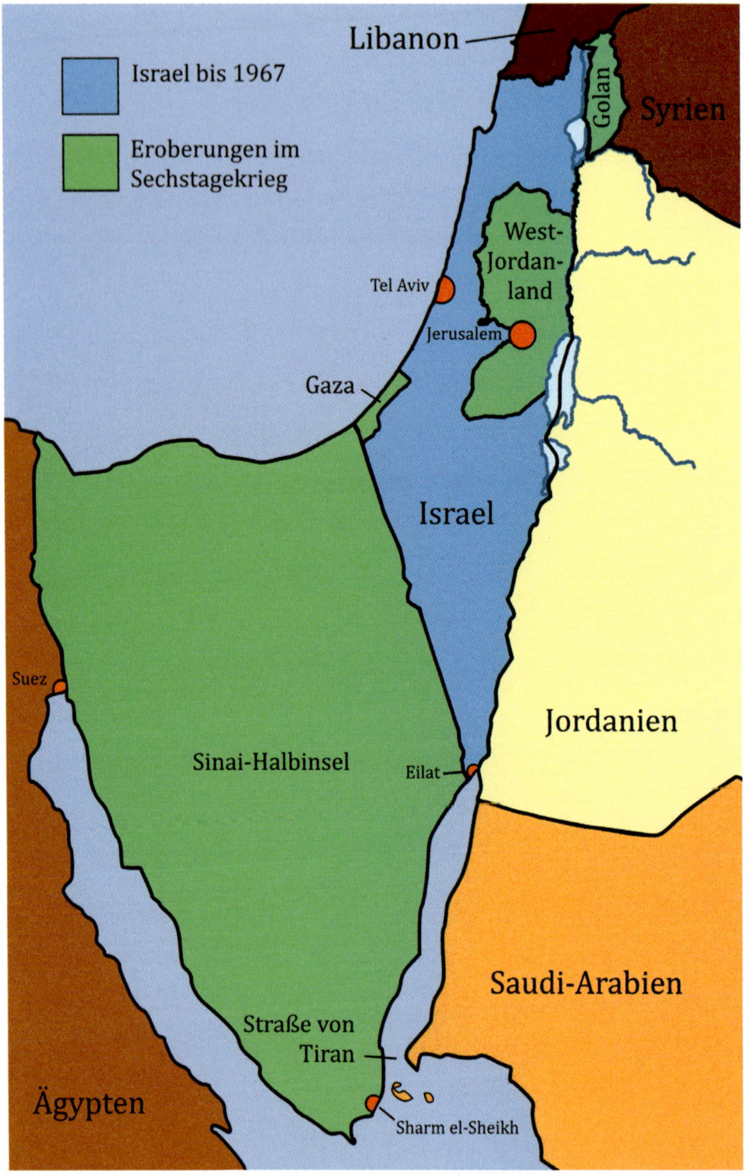

Grünenberger

Israel nach dem Sechstagekrieg.

Ergebnis und Ausblick

Ergebnis

Der Sechstagekrieg hatte von 5. bis 10. Juni gedauert, eine knappe Woche, die das Leben der Menschen in den beteiligten Staaten vollkommen veränderte. Israel hatte mit der Sinai-Halbinsel, der Westbank und Ost-Jerusalem sowie den Golanhöhen das Dreifache seines ursprünglichen Territoriums erobert. Es hatte einen überwältigenden militärischen Sieg über seine arabischen Nachbarn errungen und war zur Militärmacht Nummer 1 im Nahen Osten geworden. Die Stimmung im Land war allgemein euphorisch. Auch der jüdische Humor kam demnach nicht zu kurz. Die Bezeichnung „Middle East" sei obsolet geworden; es müsse von nun an „Jiddle East" heißen (aus dem Jiddischen Jidel=kleiner Jude). Aus dem Witz strömte zugleich berechtigter Stolz und leiser Zweifel, ob die „kleinen Juden" so viel Erreichtes auch würden halten können.

Ausblick

Kurt Waldheim, damals Österreichs Vertreter bei den Vereinten Nationen und später bekanntlich zehn Jahre Generalsekretär der UNO, machte sich in jenen Tagen Gedanken über den israelischen Sieg. Am Schluss seiner Analyse meinte er:

„Israel hat sich durch seinen Sieg über die arabischen Staaten militärische Sicherheit auf lange Sicht geschaffen. Von einer politischen Lösung seiner Existenzfrage dürfte es jedoch weiter entfernt sein denn je." Das war keine schlechte Voraussage. Sechs Jahre später stand Israel im Yom-Kippur-Krieg am Rande des Abgrunds.

Und Österreichs diplomatischer Vertreter in Tel Aviv kam nach einer Bestandsaufnahme der Lage zwar zu der Schlussfolgerung, dass aus israelischer Sicht die Vorteile des Sieges eindeutig die Nachteile überwogen, dass aber Folgendes zu bedenken sei:

„Trotz zur Schau getragener Selbstsicherheit, verbunden mit Durchhaltepathos, die manchmal in fast unerträgliche Überheblichkeit mündet, erheben sich in der israelischen Bevölkerung manche Zweifel. Die Hoffnungen auf Direktverhandlungen mit den arabischen Nachbarn werden immer geringer, auch die Hoffnung auf eine andere Friedenslösung wird schwächer. Man bereitet sich innerlich bereits auf die vierte Runde vor."

Die Häufung von Agenturmeldungen, wonach Israel an der Entwicklung einer Atombombe arbeite, „bringt neue unterschwellige Ängste". Und abschließend meinte er mit Blick auf die Araber: „Der durch Demütigung genährte Hass lässt jede politische Lösung in die Ferne rücken." Auch das war keine schlechte Vorhersage.

Viele sprachen damals – und sprechen noch heute – als Konsequenz des Krieges von einer „zweiten Geburt" Israels, das jetzt auch noch Besatzungsmacht geworden war. Und im besetzten Gebiet, das viele Juden als befreit bezeichneten, wurden von nun an jüdische Siedlungen errichtet.

Auf ihrer Konferenz in Khartum vom 29. August bis 1. September gaben die arabischen Staatschefs ihre Antwort auf die Niederlage: ein dreifaches Nein: Nein zum Frieden mit Israel, nein zur Anerkennung Israels und nein zu Verhandlungen mit Israel. Es wurde beschlossen, „dass gemeinsame Anstrengungen unternommen werden sollten, um die Folgen der Aggression auszulöschen, und dass dabei von dem Prinzip auszugehen sei, dass alle besetzten Gebiete arabisches Territorium sind, dessen Wiedergewinnung Pflicht aller arabischen Länder sein muss". Die gemeinsamen Anstrengungen müssten von der Grundlage ausgehen: „Nichtanerkennung des Staates Israel, keine Friedensverhandlungen mit Israel und das Recht der Palästinenser auf ihr Vaterland." Dieses dreifache Nein blieb als „Formel von Khartum“ die Grundlage für die zukünftige Politik der arabischen Staaten gegenüber Israel und verhieß nichts Gutes für eine friedliche Lösung des Nahostkonflikts.

Am 22. November 1967 verabschiedete der UNO-Sicherheitsrat dann die Resolution 242, die bis heute die völkerrechtliche Grundlage aller Bemühungen um eine Friedenslösung im Nahen Osten geblieben ist. Sie bekräftigte als Grundsätze eines gerechten und dauerhaften Friedens in Nahost einerseits den „Rückzug israelischer Streitkräfte aus Gebieten, die während des jüngsten Konfliktes besetzt wurden“, und andererseits die „Anerkennung der Souveränität der territorialen Unversehrtheit und der politischen Abhängigkeit eines jeden Staates in dem Gebiet und seines Rechts, innerhalb sicherer und anerkannter Grenzen in Frieden zu leben, frei von Drohungen und Akten der Gewalt“.

Die Resolution war von Anfang an umstritten, da die offizielle englische Version Israels Rückzug „ aus Gebieten“ (*from territories*), nicht jedoch aus allen Gebieten forderte.

Nach der Interpretation des Verfassers, des Briten Lord Caradon, wurde bewusst kein genauer Rückzug Israels auf die Waffenstillstandslinie von 1949 gefordert, da Grenzkorrekturen ermöglicht werden sollten. Der englische Original- und Arbeitsentwurf enthielt keinen bestimmten Artikel. Der Versuch der Sowjetunion, das Wort „alle” einzufügen, scheiterte in den Verhandlungen. In der ebenfalls gültigen französischen Fassung ist die Rede vom Rückzug „aus den Gebieten“ (*des territoires*).

Wikipedia, Government Press Office (Israel)

Vor der Klagemauer: Der Militäroberrabiner Shlomo Gorem, mit Thorarolle, bläst den Shofar.

Bonn und Ost-Berlin

Der Sechstagekrieg 1967 relativierte das Trauma der Vernichtung Israels durch seine arabischen Nachbarn, führte gleichzeitig aber auch zum Umdenken in der westdeutschen Nahostpolitik mit Blick auf die Araber, zumal sich die Bundesrepublik in deren Augen nicht neutral verhalten hatte. Ganz so falsch lag man bei dieser Einschätzung nicht.

Man wusste, dass es seit Ende 1957 eine enge militärische Zusammenarbeit zwischen der Bundesrepublik und Israel gegeben hatte und Bonn in den folgenden Jahren zum größten Waffenlieferanten Israels geworden war – immerhin in einer Größenordnung von etwa 240 Millionen DM. Vor allen Dingen aber erinnerte man sich daran, dass die Bundesrepublik 1964 40 Panzer an Israel geliefert hatte. Die USA hatten Bonn um Lieferung von 150 Panzern aus Beständen der Bundeswehr gebeten. Die Aktion war unter größter Geheimhaltung durchgeführt worden. Ende 1964, Anfang 1965 waren dann Informationen über den Panzerdeal durchgesickert und der Skandal war perfekt. Nasser hatte mit einer Einladung an den Staatsratsvorsitzenden der DDR, Walter Ulbricht, reagiert. Am Ende wurden keine weiteren Panzer mehr geliefert, Bonn und Jerusalem nahmen diplomatische Beziehungen auf, während neun arabische Staaten die diplomatischen Beziehungen zu Bonn abbrachen, aber – zur großen Erleichterung Bonns – nicht die DDR anerkannten.

Am 7. Juni erklärte Bundeskanzler Kiesinger vor dem Bundestag, die Bundesregierung habe sich „zu einer Politik der Nicht-Einmischung entschlossen, um einer Verschärfung des Konflikts vorzubeugen und sich eine Grundlage für ihre Mitwirkung an der Befriedung und positiven Entwicklung im Nahen Osten zu erhalten. Sie wird trotz des Konflikts versuchen, die Verbindungen zu den Ländern jenes Raums aufrechtzuerhalten. Das gilt auch für die Gebiete der Wirtschaft und des Handels. Aber sie wird, dem Grundsatz der Nichteinmischung getreu, keine Waffen an die Krieg führenden Parteien liefern und darüber wachen, dass dieser ihr Beschluss strikt beachtet wird."

Ähnlich äußerte sich in derselben Debatte auch Außenminister Willy Brandt: „ Ich meine wirklich: wenn, wie ich hoffe, die Kriegshandlungen in relativ wenigen Tagen vorbei sind, sollte unser deutsches Volk trotz gewisser momentaner ökonomischer Schwierigkeiten, die wir haben, zeigen, nicht nur durch Mittel aus dem Bundeshaushalt, dass es auch über Frontlinien hinweg zu einer großen humanitären Leistung fähig ist, um den Opfern des Krieges beizustehen."

Tatsächlich aber hatte man sich nicht wirklich neutral verhalten. Am 29. Mai 1967, eine Woche vor Kriegsbeginn, hatte der israelische Botschafter in Bonn, Ben Natan, um politische, militärische und finanzielle Unterstützung gebeten, u. a. 200.000 Gasmasken. Bonn möge auch prüfen, „ob etwaiges verdächtiges Material über dritte Staaten, z. B. Frankreich, geliefert werden könne". Kiesinger hatte sich – gegen die Stimme von Staatssekretär Karl Carstens – für die Erfüllung des israelischen Wunsches nach Lieferung von Gasmasken ausgesprochen; die sollten aus Bundeswehrbeständen genommen, allerdings ohne Erkennungszeichen der Bundeswehr geliefert werden. Der Krieg war dann schneller aus, als geliefert werden konnte. Am 6. Juni hatte das Kabinett auch eine Kapitalhilfe für Israel in höhe von 160 Millionen DM genehmigt – mit der Maßgabe, dass die Durchführung „auf Grund der außenpolitischen Lage bis auf weiteres strengster Geheimhaltung unterliegt".

Am 12. Juni meldet Botschafter Rolf Pauls aus Tel Aviv, was ihm ein israelischer Generalstabsoffizier gesagt hatte: die 40 Panzer hätten sich im Krieg „ hervorragend bewährt". Er habe daran die Frage angeschlossen, ob das Bundesverteidigungsministerium interessiert sei, modernstes sowjetisches Gerät, darunter Panzer letzter Fertigung, zum Zwecke des technischen Vergleichs und der Ausbildung zu erwerben. Die Israelis hatten in den sechs Tagen Geschütze und Militärfahrzeuge sichergestellt.

Die Beziehungen zu den arabischen Staaten waren nicht gut. Die für Anfang Juli vorgesehene Unterzeichnung des 160 Millionen DM-Abkommens mit Israel wurde denn auch verschoben, da man „verheerende Auswirkungen“ befürchtete.

Dies alles zu einem Zeitpunkt, als die Bundesrepublik von Moskau und Ost-Berlin und verschiedenen arabischen Staaten – allen voran die VAR, Syrien und der Irak – immer wieder beschuldigt wurde, sie habe durch Waffenlieferungen an Israel zur Entstehung und Verschärfung der Krise beigetragen. In einem Memorandum der Bundesregierung, das am 3. Juli 1967 in der UNO-Generalversammlung zirkulierte, wurde dazu festgestellt: „Diese Beschuldigungen sind falsch und werden durch ständige Wiederholung nicht wahrer.“ Das Kriegsmaterial, das man bis zum Frühjahr 1965 geliefert habe, „entspricht weniger als 2 Prozent der gesamten Waffenlieferungen in den Raum in den letzten 12 Jahren, die nach internationalen Schätzungen einen Gesamtwert von 4 bis 5 Milliarden US-Dollar hatten und an denen sich viele Staaten beteiligt haben“.

An der anti-westdeutschen Stimmung im arabischen Lager änderte das allerdings nichts. Das wurde am 27. Juli deutlich, als Botschaftsrat Lothar Lahn [er war der Leiter des deutschen Stabes an der italienischen Botschaft in Kairo, die seit Abbruch der diplomatischen Beziehungen durch Ägypten 1965 die deutschen Interessen vertrat] zum ersten Mal seit Beginn der Krise mit dem Generalsekretär der Arabischen Liga, Mohammed Hassouna, zusammentraf, um ihm die Politik der Bundesregierung zu erläutern. Hassouna war ein guter Kenner Deutschlands; er war 1936 als Botschaftsrat in Berlin tätig gewesen, sprach Deutsch und hatte 40 Jahre eine deutsche Hausdame gehabt. Seine Position war klar; mit Nachdruck erklärte er, „dass die arabischen Staaten trotz aller gegenteiligen deutschen Versicherungen davon überzeugt seien, dass wir eindeutig auf Seiten Israels stünden und dass unser Anteil an Waffenlieferungen und finanzieller Unterstützung Israel erst instand gesetzt habe, die Aggression vorzubereiten und zu einem militärischen Erfolg zu führen. [...] Er bedauere, mir heute sagen zu müssen, dass die deutsch-arabischen Beziehungen einen Tiefpunkt erreicht hätten, aus dem er gegenwärtig keinen Ausweg sehe."

Im Nahen Osten war Bonn nach dem Sechstagekrieg isoliert, während die DDR eindeutig für die Araber Partei ergriff und gleichzeitig massive Angriffe gegen Israel führte. So erklärte der stellvertretende. Ministerpräsident Gerhard Weiß, der sich ab Anfang Juli zwei Wochen in Kairo und Damaskus aufhielt, am 6. Juli bei seiner Ankunft in Kairo:

„Mit ungeteilter Sympathie haben die Menschen in der DDR den heroischen Kampf der arabischen Völker gegen die israelische Aggression verfolgt. [...] Die DDR verurteilt den verbrecherischen Überfall Israels und steht fest an der Seite der progressiven arabischen Staaten. Sie fordert den sofortigen und bedingungslosen Rückzug der Aggressionstruppen hinter die Ausgangslinie vor Beginn des Überfalls."

Es dauerte lange, bis Bonn das verloren gegangene Vertrauen in der arabischen Welt zurückgewinnen konnte.

Israel aber begann nach dem Sechstagekrieg mit einer massiven Siedlungspolitik in den besetzten Gebieten, begleitet von Terroranschlägen palästinensischer Extremisten. Auch Jahrzehnte nach diesem Krieg und der totalen Niederlage der Araber ist der Nahostkonflikt der Dauerkonflikt, der Nahe Osten nach wie vor die Krisenregion schlechthin geblieben. Die Problematik hat sich allerdings dramatisch verändert hat: Die Palästinenser und die arabischen Nachbarn sind offensichtlich keine Gefahr mehr für die Existenz Israels. Die kommt jetzt aus Teheran, wo öffentlich die Vernichtung Israels verkündet wird.

Literatur und Dokumente

Literatur

Oren, Michael B., Six Days of War. June 1967 and the Making of the Middle East, Oxford 2002.

Segev, Tom, 1967. Israels zweite Geburt, Bonn 2007.

Steininger, Rolf, Der Sechstagekrieg, in: *Aus Politik und Zeitgeschichte*, B19/2007 (mit weiterführenden Literaturangaben).

Steininger, Rolf, Der Nahostkonflikt, Frankfurt am Main 2018.

Steininger, Rolf, Deutschland und der Nahe Osten. Von Kaiser Wilhelms Orientreise 1898 bis zur Gegenwart, Reinbek 2015; arab. Ausgabe Kuwait 2018; engl. Ausgabe New York/ Oxford 2018.

Dokumente

Foreign Relations of the United States (FRUS), 1964–1968, Vol. XIX, Arab-Israeli Crisis and War, Washington, D.C. 2004.

Berichte aus Israel. Eine Aktenedition, 13 Bände, hrsg. von Rolf Steininger, Bd. 9: 1966–1968, Botschafter Dr. Walter Peinsipp, München 2004.

„Die Rede des Gen. L. I. Breshnew auf dem Juniplenum (1967) des ZK der KPdSU: ‚Über die Politik der Sowjetunion im Zusammenhang mit der Aggression Israels im Nahen Osten.' Vertraulich, 20.6.167." Stiftung Archiv der Parteien und Massenorganisationen der DDR im Bundesarchiv (SAP-MO-BArch), BY30/IV2/1/362. Dazu auch Stefan Meinung, Breshnews Geheimrede zum Juni-Krieg 1967, in: *Zeitschrift des Forschungsverbundes SED-Staat*, 13 (2004), S. 110–118.

Hörfunk

Gamal Abd-el Nasser, Rolf Steininger, 5×5 Minuten, ORF Ö1: Betrifft Geschichte, 2010; abrufbar unter www.rolfsteininger.at.

Fernsehdokumentation

auf YouTube u. a.: Der Sechstagekrieg, 2 Teile, Arte 2009.